BEI GRIN MACHT SICH IHR WISSEN BEZAHLT

- Wir veröffentlichen Ihre Hausarbeit, Bachelor- und Masterarbeit

- Ihr eigenes eBook und Buch - weltweit in allen wichtigen Shops

- Verdienen Sie an jedem Verkauf

Jetzt bei www.GRIN.com hochladen und kostenlos publizieren

Stefan Gnehrich

**Rezension des Buches „Was sich liebt, das nervt sich"
von Jean-Claude Kaufmann**

GRIN Verlag

Bibliografische Information der Deutschen Nationalbibliothek:

Die Deutsche Bibliothek verzeichnet diese Publikation in der Deutschen National-
bibliografie; detaillierte bibliografische Daten sind im Internet über http://dnb.d-
nb.de/ abrufbar.

Impressum:

Copyright © 2011 GRIN Verlag GmbH
Druck und Bindung: Books on Demand GmbH, Norderstedt Germany
ISBN: 978-3-656-32588-8

Dieses Buch bei GRIN:

http://www.grin.com/de/e-book/205048/rezension-des-buches-was-sich-liebt-das-
nervt-sich-von-jean-claude-kaufmann

GRIN - Your knowledge has value

Der GRIN Verlag publiziert seit 1998 wissenschaftliche Arbeiten von Studenten, Hochschullehrern und anderen Akademikern als eBook und gedrucktes Buch. Die Verlagswebsite www.grin.com ist die ideale Plattform zur Veröffentlichung von Hausarbeiten, Abschlussarbeiten, wissenschaftlichen Aufsätzen, Dissertationen und Fachbüchern.

Besuchen Sie uns im Internet:

http://www.grin.com/

http://www.facebook.com/grincom

http://www.twitter.com/grin_com

Technische Universität Dresden

Philosophische Fakultät

Institut für Soziologie

Sommersemester 2011

Hausarbeit in der Vorlesung:

„Mikrosoziologie II: Interaktion und persönliche Beziehung"

Thema:

Rezension des Buches „Was sich liebt, das nervt sich" von Jean-Claude Kaufmann

Vorgelegt von: **Stefan Gnehrich**

Studiengang: Lehramt Bachelor Geschichte / Gemeinschaftskunde

6. Fachsemester

Datum: 29. September 2011

Inhaltsverzeichnis

1. Buchkritik

Der französische Soziologe Jean-Claude Kaufmann beschäftigt sich seit einigen Jahren mit den Algorithmen innerhalb von Paarbeziehungen. In seinem neusten Werk „Was sich liebt, das nervt sich" fokussiert Kaufmann die alltäglichen und scheinbar banalen Quellen des Ärgers in Partnerschaften und zerlegt diesen in all seine Bestandteile anhand des jeweils dargestellten Beispiels.

Das Buch wurde im Jahre 2008 aus dem Französischen übersetzt und in Konstanz veröffentlicht. Dabei bleibt der Autor seinem Stil treu, indem er die kurzweiligen Episoden stets mithilfe von wiederkehrenden Fallbeispielen und Akteuren illustriert und es somit dem Leser ermöglicht, auch bei ständig wechselnden Handlungsträgern den Überblick nicht zu verlieren. Dennoch ist an dieser Stelle auf ein Novum hinsichtlich der Erhebungsmethodik zu verweisen, da Jean-Claude Kaufmann erstmalig auf seine favorisierte Methode, das Interview mittels Tonbandgerät, verzichtet und stattdessen über E-Mails seiner Probanden das Rohmaterial erhält, um somit seine Theorien bezüglich des aufkommenden Ärgers innerhalb der Paarbeziehung direkt aus dem Feld abzuleiten. Dabei ist es nicht sein Anliegen, repräsentative Ergebnisse zu generieren, dessen er sich durchaus bewusst ist. Vielmehr strebt Kaufmann eine präzise Sektion der vielschichten Prozesse des aufkommenden Beziehungsärgers an. So wandte sich der Soziologe in der belgischen, französischen und schweizerischen Presse an Paare, ihre Beziehungsprobleme per E-Mail zu übermitteln, sodass er Unmengen an kritischen Berichten erhielt und auswertete.

So erscheinen die Marotten des oder der Liebsten zu Beginn der Liebschaft als reizvolle und verführerische Eigenschaften, welche stets durch eine exzessive Verliebtheit betrachtet und hingenommen werden. Doch mehr oder minder schnell zieht der Alltag in die Liebesbeziehung, beispielsweise in Folge des Beziehens einer gemeinsamen Wohnung, in die Verhaltensweisen der Partner ein, sodass die individuellen Lebensarten offenbart werden und automatisch miteinander kollidieren. Dadurch wird das Streitpotential beträchtlich erhöht, da mindestens ein Partner versucht, dem Liebsten in spe die eigene kulturelle Identität aufzudrängen. Jener Vorgang läuft dabei stets wechselseitig ab. Dies schildert Kaufmann immer wieder anhand von unzähligen Erfahrungsberichten seiner Probanden, wodurch dem Leser die Nähe zum Feld suggeriert wird. So kann beispielsweise der gewünschte Ausstellungsort der Anglertrophäe oder das Benehmen der Akteure bei Tisch die Quelle für den aufkommenden Ärger innerhalb der Paarbeziehung sein.

Im Bezug auf die Struktur des Werkes bleibt festzuhalten, dass es sich in drei große Abschnitte sowie in die Einleitung und den Schluss gliedert. Aufgrund der episodischen Organisation der Unterthemen wirken die Darstellungen Kaufmanns stets interessant und kurzweilig. Dies erreicht er nicht zuletzt durch den kontinuierlichen Rückgriff auf die unzähligen Beispiele, welche gekonnt um den jeweiligen Sachverhalt und somit extrem nahe an der Lebenswirklichkeit der Leser platziert werden. Durch diese Gegebenheit wird es dem Rezipienten ermöglicht, bereits bekannte Diskussionsthemen aus der eigenen Beziehung besser nachvollziehen zu können.

So führt der Soziologe in die Thematik ein, indem er zunächst den Ärger innerhalb von Paarbeziehungen allgemein analysiert und seine Grundvoraussetzungen über Beispiele seiner Probanden skizziert. Der Beginn einer Beziehung versteht sich demnach als ein Prozess des Vereinheitlichens der Partner, welche stets mit dem Finden eines gemeinsamen Mittelwegs beschäftigt sein sollten, sodass individuelle Veränderungen keine Probleme sondern vielmehr ertragreiche Lösungen darstellen sollten. Des Weiteren untersucht Kaufmann die Harmonie der Rollen in der Partnerschaft, wobei zu konstatieren bleibt, dass das vornehmste Ziel zur Reduktion des Ärgers die Komplementarität der Partner ist. Die entscheidende Voraussetzung dafür ist die Bereitschaft zum Wandel der eigenen Identität. Demnach ist ein Zusammenleben von Individuen immer als ein organisiertes Spiel zu verstehen, welches die Rollen der Beziehung kontinuierlich verteilt. So können beispielsweise Männer als inkompetent und unreif im Hinblick auf die partnerschaftliche Organisation gelten, wenn sie sich in Scheinwelten, zum Beispiel in Computerspiele oder Internetforen, flüchten.[1] Im zweiten Teil der Abhandlung beschreibt Jean-Claude Kaufmann zunächst die Ursachen des aufkommenden Ärgers innerhalb einer Paarbeziehung, welcher immer wieder durch das Zusammentreffen zweier individueller Einstellungen entsteht. So sorgen beispielsweise das schlampige Ausdrücken der Zahnpastatube oder das Ablegen des Schlüsselbundes am falschen Ort für Zündstoff, aus welchem geradezu Autonomiekämpfe um gegenwärtige und zukünftige Verhaltensweisen entstehen können. Anschließend werden die Mechanismen und Dimensionen des Ärgers analysiert, wodurch sich beispielsweise die Sozialisation des verärgerten Individuums ablesen lässt. Hierbei können die Familien der Akteure eine, für die Erregung, entscheidende Rolle einnehmen. Darüber hinaus kann sich der Ärger innerhalb der Partnerschaft von einer banalen Unzufriedenheit über die Missachtung bis hin zum Ekel oder

---

[1] Vgl. Kaufmann, Jean-Claude: Was sich liebt, das nervt sich, Konstanz 2008, S. 72 ff.

zur Demütigung gegenüber dem Partner entwickeln. Um allerdings nicht in das Wesen eines Schwarzbuches zu verfallen, verweist Kaufmann umgehend auf die freiwerdende Energie infolge des Ärgers, welche zur Veränderung der bisherigen Situation und somit zur Verbesserung genutzt werden sollte. Durch zahlreiche Darstellungen schafft es der Autor immer wieder, dem Rezipienten einen Gedanken der Hoffnung inmitten der vielfältigen Negativberichte der Probanden zu vermitteln, was sich somit als motivierend auswirkt. Dieses Muster wird ebenso im letzten Teil des Buches aufgegriffen, in welchem die Handhabung des Ärgers mithilfe von Kommunikation und Liebestaktiken beschrieben wird. So werden die Arten der verbalen und non-verbalen Kommunikation benannt und in Relation mit dem Ärger innerhalb der Paarbeziehung gesetzt. Letztlich zeigt sich der Ärger auch als ein Kampf gegen die eigene Identität. Dabei empfiehlt es sich nach Kaufmann, mit einiger Entfernung auf die emotionalen Reaktionen zu blicken, sodass eine Isolation aus der subjektiven Welt letztlich zum Nachdenken und Kommunizieren führen soll. Im abschließenden Teil des Werkes rundet der Autor seine Aussagen ab, indem er kurz und prägnant die grundlegenden Erkenntnisse darstellt. Demnach öffnet die individuelle Autonomisierung einen Raum sowohl für die subjektive Interpretation als auch für die Improvisation durch die Akteure selbst.[2] Daraus wird deutlich, dass die Handlungsträger stets durch die Routine des Alltags zur dauerhaften und kompetenten Arbeit an der Beziehung aufgefordert werden, was nicht zuletzt auch dem Leser eine manifeste Handlungsanweisung im Umgang mit Ärger darstellen soll, von welcher jener ebenso profitiert.

2. Soziologische Wirkungsmechanismen

Des Weiteren lassen sich in dem Buch „Was sich liebt, das nervt sich" diverse soziologische Wirkungsmechanismen nachweisen, welche im folgenden Teil genauer analysiert werden sollen. Dabei beschränkt sich die Auswahl der Mechanismen auf die Interaktion, Kommunikation sowie die Identität der Handelnden, da sich aus jener Triade die elementaren Ursachen und Lösungen für den Beziehungsärger zuordnen lassen.

2.1 Interaktionen innerhalb der Partnerschaft

Zweifelsohne kann man die Paarbeziehung als einen Garanten für vielschichtige Interaktionen zwischen den Akteuren ansehen. Dabei entsteht die Interaktion immer durch die gleichzeitige

---

[2] Vgl. Ebd. S. 241 f.

Anwesenheit mehrerer Handelnder am Handlungsort. Die Wissenschaft verweist auf vier zentrale Merkmale, welche sich im Werk von Jean-Claude Kaufmann an zahlreichen Beispielen hervorragend nachweisen lassen. Aufgrund der immensen Beispielsdichte empfiehlt es sich, die Interaktionsmerkmale anhand eines gewählten Beispiels, im Folgenden am Beispiel der Umgangsformen der Akteure zu Tisch, nachzuweisen. Die Interaktion beginnt immer mit einer höchst komplexen Aufnahme von Informationen, die zunächst subjektiv bewertet werden. So missfällt dem Partner sehr schnell das vulgäre Verhalten seines Gegenübers, welches sich in verschiedensten Dimensionen zeigen kann. Aufgrund der unterschiedlichen Auffassungen bezüglich der Esskultur steigt das Potential des Ärgers rapide. Des Weiteren bestehen innerhalb der Beziehungsinteraktionen geringe Negier- und Rechenschaftspflichten aufgrund der hohen Kenntnis des Partners. Somit wird ein Abstreiten des vulgären Verhaltens oder des genervt seins unmöglich. Darüber hinaus laufen die Interaktionsprozesse nahezu gleichzeitig und sehr schnell ab. So reagiert der genervte Akteur bereits beim ersten Anzeichen von inakzeptablen Verhalten des Partners, indem er beispielsweise sein Besteck hörbar auf den Teller deponiert. Abschließend sei das Merkmal der Modalisierung innerhalb der Interaktion genannt, durch welche eine Entwicklung des Ärgers initiiert wird. Daher kann mittels einer sprachlichen Gestaltung der Argumente der Ärger abgeschwächt oder verstärkt werden. Reagiert man etwa gelangweilt oder aggressiv auf die entgegengebrachte Kritik, so wird sich die Frustration des Gegenübers nur verstärken. Kann man diesen aber durch eine geschickte, gar charmante, Argumentations- und Wortwahl fast schon entzücken, so besteht die Chance, dass der Ärger über das fehlerhafte Verhalten bei Tisch verfliegt und somit abgeschwächt wird. An dieser Stelle empfiehlt es sich, der Argumentation Erving Goffmans, einem US-amerikanischen Soziologen des 20. Jahrhunderts, zu folgen. Die Denkweise der „interaction order" betrachtet die face-to-face-Interaktionen als einen autonomen Untersuchungsgegenstand. Im Hinblick auf die Thematik der Paarbeziehung kann die „interaction order" auf die Form des „fully-focused-gathering" begrenzt werden, da die Aufmerksamkeit beider Akteure auf ein spezielles Zentrum gerichtet ist. Unerlässlich für die Interaktion werden hierbei die ausschlaggebenden Kategorien „social occasion" sowie „frame", welche den Informationsgewinn und dessen Aktualisierung sicherstellen. Dieser Prozess ist grundlegend innerhalb der partnerschaftlichen Beziehung, sodass beispielsweise das Verhalten bei Tisch stets einer Prüfung anhand der individuellen Identität unterzogen wird. Stellt sich eine Diskrepanz zwischen Erwartung und Zustand ein, können zwei unterschiedliche Regulationsstrukturen wirken. Zum einen ist die „obligation" zu benennen,

durch welche der Partner verpflichtet wird, etwas zu tun oder zu unterlassen, um somit eine Verhaltensänderung zu initiieren. Zum anderen wirkt die „expectation", wodurch die Erwartungshaltung gegenüber dem Partner beschrieben wird. Zusammenfassend bleibt festzuhalten, dass Interaktionen innerhalb von Paarbeziehungen stets vom Individuum zum Zwecke des Schutzes der individuellen Rituale ausgehen. Aufgrund dieser Schutzverpflichtung entstehen also geregelte Ordnungen innerhalb der Interaktionen zwischen Partnern einer Beziehung. So versucht beispielsweise der anstößige Partner seine negativen Angewohnheiten durch immensen Hunger zu rechtfertigen, um sein individuelles Verhalten beibehalten zu können.

2.2 Kommunikation zwischen den Akteuren

Ein weiterer einflussreicher Wirkungsmechanismus innerhalb von Paarbeziehungen wird über die vielseitige Kommunikation der Akteure bestimmt. Dabei wird stets über das gleiche Muster kommuniziert. Die Kommunikation, wie auch immer sie geartet sein mag, entsteht immer aus einer Quelle. So ist beispielsweise das vulgäre Verhalten des Partners zu Tisch das ausschlaggebende Element für sein Gegenüber, die Situation mittels Kommunikation zu verändern. Daraufhin sendet dieser eine Nachricht, so etwa in Form eines Räusperns oder dem schroffen Ablegen des Bestecks, sodass diese augenscheinlich unmissverständliche Nachricht den Empfänger, also den Partner, erreicht und dieser sein Verhalten möglichst zeitnah ändert. Allerdings kann diese Botschaft auch missverstanden oder gar nicht aufgefasst werden, was in der Wissenschaft als Rauschen bezeichnet wird. Dabei erscheint es, als würden sich Sender und Empfänger auf einer unterschiedlichen Wellenlänge befinden und somit nicht verstehen. An dieser Stelle muss darauf verwiesen werden, dass es unterschiedliche Kanäle zur Übertragung von Nachrichten gibt. So lassen sich etwa auditive, visuelle, olfaktorische, thermale, taktile und gustatorische Kanäle benennen, über welche es zu kommunizieren gilt. Prinzipiell ist das Nichtkommunizieren nicht möglich, da jede Handlung des Individuums ebenso eine Kommunikation in einem anderen Kanal darstellt. Dabei beinhaltet dieses Verhalten stets einen Inhalts- und Beziehungsaspekt, wodurch der Kontakt des Verhaltens analysierbar gemacht wird. Folgt man der sozialbehavioristischen Argumentation George Herbert Meads, so versteht man die Gesten innerhalb der Kommunikation als auslösende Reize für die Verhaltensreaktion des Partners. Ebenso wirken Symbole innerhalb der Beziehung, welche im Gegensatz zu den Gesten bei beiden Partnern bestimmte Reaktionen auslösen. Über diese Reiz-Reaktions-Kette bildet sich ein Bewusstsein gegenüber der

individuellen Handlungen des Akteurs, woraus sich nicht zuletzt die individuelle Identität ablesen lässt. Im Bezug auf das Beispiel der Tischmanieren lässt sich somit festhalten, dass über die ausgelösten Reize, etwa das Räuspern oder das Klappern mit dem Besteck, eine Verhaltensänderung kommuniziert und hervorgerufen werden soll. Demgegenüber stellt Jürgen Habermas die Theorie des kommunikativen Handelns, durch welche die Interaktionen von mindestens zwei Subjekten innerhalb einer interpersonalen Beziehung beschrieben werden. Dabei soll es das Ziel sein, eine Verständigung über die gegebene Situation und deren Lösung zu erreichen, wodurch die Interpretation der Situation als ausschlaggebender Parameter zu beschreiben ist, da jener den Handlungsablauf immens beeinflusst. Somit ist dieser Theorie ebenso ein hoher Einfluss auf die Kommunikation innerhalb der Partnerschaft zu bescheinigen. Abschließend sei die Theorie sozialer Systeme genannt, welche von Niklas Luhmann geprägt wurde. Dabei produziert und organisiert das System der Paarbeziehung die essentiellen Komponenten, welche notwendig für den Fortbestand dieser Organisation werden. So versteht sich die Partnerschaft als ein Mechanismus, welcher eine Kommunikation an die nächste fügt, sodass sich Kommunikation letztlich als Produkt sozialer Systeme verstehen lässt, indem eine Information aufgenommen, die Mitteilung übersandt und das Verstehen initiiert wird. Anhand dieser Argumentation wird wiederum deutlich, dass die Kommunikation innerhalb der Partnerschaft eine essentielle Funktion für den Bestand und die Organisation der Beziehung einnimmt und darüber hinaus die Handlungen der Akteure beeinflusst. Somit wurde gezeigt, dass eine gute Paarbeziehung einzig durch eine sinnvolle Kommunikation zwischen den Partnern zu vollführen ist.

2.3 Identitäten in der Beziehung

Ein letzter signifikanter Wirkungsmechanismus innerhalb der Partnerschaft kann anhand der Identitätsfrage nachvollzogen werden. Es gilt, dabei die Frage zu klären, welche Stellung der Akteur in der gegebenen Situation einnimmt. Auch in Jean-Claude Kaufmanns Werk „Was sich liebt, das nervt sich" wird darauf verwiesen, dass die partnerschaftliche Beziehung zwei unterschiedliche Identitäten eint, um so eine gemeinsame Identität als Paar herstellen zu können. Dabei ist es möglich, dass die noch individuellen Identitäten aufeinander stoßen. Die Ursache hierfür liegt in Divergenz des Selbst- und Fremdbildes. Zu diesem Zweck muss zunächst analysiert werden, wie sich das handelnde Individuum selbst versteht und wie jenes von seiner Umwelt begriffen wird. Aufgrund dieser bedeutungsvollen Differenz kann es vorkommen, dass Ärger zwischen den Handelnden entsteht. Es empfiehlt sich, am genannten

Beispiel der Tischmanieren zu verweilen. Entstammt der obszöne Partner einem Umfeld, das sich nur in einem geringen Maße an die gängigen Manieren zu Tisch hält, so wird er solange diesem Verhalten nachgehen, wie er keinen Einwand des Partners erfährt. Die Identität ist also als ein Bestreben der Person nach individueller Besonderheit und Unverwechselbarkeit zu verstehen, welche erst durch die fortschreitende Individualisierung innerhalb der gesellschaftlichen Strukturen ermöglicht wird. Ebenso ergibt sie sich aus der permanenten Kommunikation und Interaktion zwischen den Menschen, die ein Individuum umgeben und auf jenes wirken. Dabei verfügt ein Individuum stets über eine unbewusste, vorsoziale Seite sowie über eine reflektierte, gar soziale Seite. Sobald das Selbstbewusstsein durch die Person reflektiert wird, spricht man von der Synthese eines einheitlichen Selbstbildes, welches auch als Identität zu bezeichnen ist. Anhand dieser Darstellungen wird deutlich, dass sich besonders zu Beginn einer Paarbeziehung die anspruchsvolle Aufgabe stellt, zwei vollkommen unterschiedliche Identitäten zu vereinen, sodass eine gemeinsame Basis gefunden werden kann und die Rollen innerhalb der Partnerschaft festgelegt und gesichert werden. Dabei sollte verstanden werden, dass es nicht um eine klassische Verteilung der Posten im Haushalt, a lá Jäger und Sammler, gehen sollte, sondern um die Übernahme komplementärer Rollen zur Bewältigung des durch Dissonanzen hervorgerufenen Ärgers. Infolge dieser Argumentation wird deutlich, dass ebenso die Verteilung der Identitäten innerhalb der Paarbeziehung einen signifikanten Einfluss auf die Bewältigung des aufkommenden Ärgers hat.

3. Schlussplädoyer

Zusammenfassend lässt sich also nachweisen, dass die Akteure der Partnerbeziehung stets einer wechselseitigen Aktivität unterliegen, welche durch die Kommunikation zueinander entscheidend gelenkt und geprägt wird. Dieses Handeln läuft dabei immerzu im Spiegel der eigenen sowie der partnerschaftlichen Identität ab. Diese Synergie der genannten Mechanismen beschreibt Jean-Claude Kaufmann in „Was sich liebt, das nervt sich" äußerst präzise und verstärkt jene Darstellungen anhand der abwechslungsreichen Beispiele.

Nach eingehender Bearbeitung des Werkes bleibt festzustellen, dass Kaufmann keinesfalls ein Handbuch für das erfolgreiche Führen einer Paarbeziehung darlegt, sondern lediglich Denkanstöße und Hilfestellungen zum Verständnis für alltägliche Situationen des Ärgers wiedergibt, sodass dem Rezipienten eine Erweiterung der eigenen Perspektive geboten werden kann.

Literaturverzeichnis

Kaufmann, Jean-Claude: Was sich liebt, das nervt sich, Konstanz 2008.